はじめに

　高齢化の進展により、社会福祉施設や利用者宅などで介護作業に携わる人、また家庭で家族の介護を行う人は今後一層増加するものとみられます。

　介護作業においては、被介護者はもちろんですが、介護作業者自身も災害にあわないようにすることが大切です。

　本書では、高齢者介護作業者に多い腰痛・転倒災害をどのように防ぐかを解説します。これらのポイントを常に意識しながら、安全に介護作業を行いましょう。

CONTENTS

1 介護作業の労働災害 ……… 1
　（1）介護者の2大労働災害 ……… 1
　（2）典型的な腰痛・転倒の事例 ……… 2

**2 【腰痛編】－その1－
腰痛はなぜ起こる？** ……… 4
　（1）腰痛の要因 ……… 4

**3 【腰痛編】－その2－
腰痛にならない作業方法** ……… 6
　（1）作業姿勢を工夫する ……… 6

**4 【腰痛編】－その3－
福祉用具を活用する** ……… 10
　（1）さまざま福祉用具 ……… 10
　（2）スライディングボードの使用例 ……… 12
　（3）スライディングシートの使用例 ……… 13

**5 【腰痛編】－その4－
腰痛の予防・解消の運動** ……… 14
　（1）筋肉をゆるめるストレッチング ……… 14
　（2）筋肉を補強する運動 ……… 15
　（3）立って行う運動 ……… 16
　（4）座って行う運動 ……… 17
　（5）腰痛解消のための運動 ……… 18

〔コラム〕姿勢のくずれをチェック！ ……… 19
介護作業者の腰痛予防対策チェックリスト ……… 20

**6 【転倒編】－その1－
転ばないための環境づくり** ……… 22
　（1）4S（5S）で安全な環境づくり ……… 22
　（2）危険の「見える化」で転倒防止 ……… 24
　（3）ヒヤリ・ハットを活かそう ……… 25

**7 【転倒編】－その2－
転ばないためのからだづくり** ……… 26
　（1）からだをほぐすストレッチング ……… 26
　（2）筋力体操で転倒防止 ……… 27
　（3）その他さまざまな運動 ……… 28

腰痛・転倒予防は日ごろの注意と工夫から ……… 29

制作協力：医療法人社団協友会　柏厚生総合病院

1 介護作業の労働災害

(1) 介護者の2大労働災害

労働災害による死傷者数は、全産業でみると減ってきましたが、社会福祉施設（老人介護施設、保育施設、障害者施設）での死傷者数は年々増えています。

このようなことから、国は「職場における腰痛予防対策指針」を平成25年に改訂し、この指針の作業別の対策として「福祉・医療等における介護・看護作業」を盛り込むなど、社会福祉施設の腰痛対策を進めるように強く呼びかけています。

	平成21年	平成22年	平成23年	平成24年	平成25年	平成26年
社会福祉施設（左目盛）	5,065	5,533	5,900	6,480	6,831	7,224
全産業（右目盛）	105,718	107,759	114,176	119,576	118,157	119,535

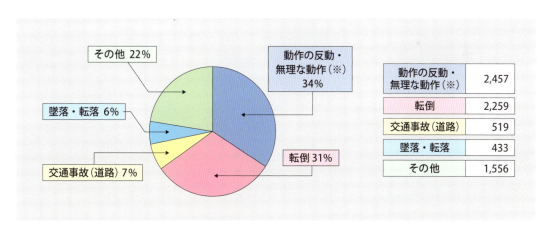

動作の反動・無理な動作（※）	2,457
転倒	2,259
交通事故（道路）	519
墜落・転落	433
その他	1,556

グラフにみるように、社会福祉施設での災害で最も多いのが腰痛につながる「動作の反動・無理な動作※」で、次が「転倒」です。この二つで全災害のほぼ6割を占めています。被介護者が受傷する事故では、高齢者向け、障害者向けなどいずれの社会福祉施設でも第1位は転倒災害であり、介護者、被介護者ともに転倒防止対策は大きな課題となっています。

作業に当たっては、このように起こりうる災害を常に予測しておくことが大切です。

※からだの動き、不自然な姿勢、動作の反動などによって、筋をちがえる、くじく、ぎっくり腰などの状態になること。

介護作業の労働災害

（2）典型的な腰痛・転倒の事例

介護作業で起こる腰痛・転倒には典型的なパターンがあります。
ここで紹介するのは一例ですが、多くの労働災害の原因は共通しています。
まず、典型的な災害事例から見てみましょう。

❶ 腰 痛

【移乗介助】

ベッドから車椅子への移乗介助の際、ベッドに腰掛けた被介護者の正面から両脇を抱え、前屈みになって立たせようとしたところ、腰に痛みが生じた。

【立位補助】

ベッドから被介護者を立たせようとしたがベッド脇にテーブルがあって狭かったため無理な姿勢となり、腰に負担がかかって痛みが生じた。

【座位補助】

椅子に座っている被介護者がずり下がっていたため、背もたれの後ろに立って被介護者の脇に手を入れ、引き上げようとしたところ腰に痛みが生じた。

その他の災害事例

腰痛
- 一人で入浴介助中、被介護者を無理な姿勢で浴槽から引き上げようとして腰痛が起きた。
- 厨房内で床にこぼれた油で足をすべらせ、勢いよく足を床についた際に腰痛が起きた。
- 倉庫で荷物を整理していて、重い荷物を脇に置こうと体をひねったときに腰痛が起きた。

転倒
- 廊下を歩行中に、床が掃除中でぬれていることに気づかずすべって転倒した。
- ベッド脇で介助中、床をはう掃除機の電源コードに足を取られて転倒した。
- 室内を歩行中、室内履きのゴム底が毛足の長いカーペットに引っかかって転倒した。

② 転 倒

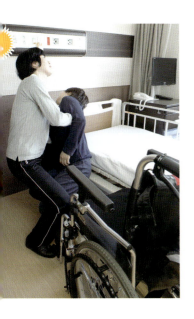

【移乗介助】
車椅子からベッドへの移乗介助中、からだを引き上げようとしたが、支えきれず被介護者ともに転倒した。

【脱衣所で】
脱衣所で、脱衣カゴを持って洗濯機へ急いで歩いていたところ、床のマットがすべって転倒した。

【歩行介助】
歩行介助の際、被介護者との会話に意識が集中していたため足元に仮置きされた清掃用具に気づかず、被介護者とともに転倒した。

2 【腰痛編】 -その1-
腰痛はなぜ起こる?

(1) 腰痛の要因

　腰痛を防ぐため、まず腰痛が発生する原因を理解しておきましょう。

　漢字の部首でいうと「月」(にくづき＝体を表す)に「要」と書く腰は、上半身と下半身それぞれの動きをつなぐ、まさに体のカナメ。

　その動きが急激だったり、強い力やひねりのような動きが加わると、腰痛の原因となります。

　腰に急激に強い力が加わることで痛みが起きる急性腰痛(＝災害性腰痛)と、不自然な姿勢の作業を長時間行うことで徐々に傷みが生じる慢性腰痛(＝非災害性腰痛)があります。

　介護作業だけでなく日常生活の中でも急性・慢性いずれの腰痛も起こりえますが、要因は一つでなく、さまざまな要素が重なって起きる場合もあります。主な要因は以下のとおりです。

① 姿勢や動作の要因

- 急にからだをひねる
- 重量物を持ち上げる・押す・引く
- 前かがみや反る姿勢を繰り返す
- 長時間同じ姿勢を続ける

② 作業環境の要因

- 寒冷職場で作業する
- 照明が暗い中で作業する
- 乗り物や機械の振動を受ける
- 滑りやすい床を歩く
- 狭い空間で不自然な姿勢のまま作業する

③ 個人的要因

- 年齢・性別（筋肉量や体格の差）
- 体格（身長と作業面の高さ不適合）
- 筋力（握力、腹筋力などの違い）
- 既往症（腰痛は再発しやすい）

④ 心理社会的な要因

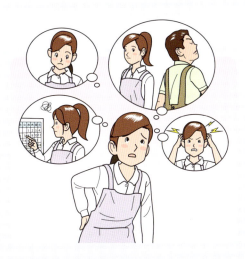

- 職場で対人トラブルがある
- 過度な長時間労働・激しい疲労がある
- 働きがいが得られない
- 上司・同僚の支援が得られない
- 仕事の重大な責任が生じている

\ワンポイント/
心理社会的な要因とは

心の状態に影響を及ぼす要因を指します。これらの心理的な負担は、メンタルヘルスの問題に関わるだけでなく、腰痛の要因ともなります。

このように、腰痛の要因はさまざまです。個人で予防できるものもあれば、事業場としての取り組みが必要なものもあり、また心身両面からのケアが必要なものもあります。

本書で紹介する取り組みを実践し、併せて、必要に応じて職場の管理者や医療機関に相談するなど、さまざまな面から対処して腰痛を予防しましょう。

3 【腰痛編】-その2-
腰痛にならない作業方法

（1）作業姿勢を工夫する

　作業中、腰に負担のかからない作業姿勢をとることで腰痛になりにくくなります。
　介護作業ではベッド上で体位変換を行う場面が頻繁にありますが、この際、中腰姿勢を続けたり、ベッド脇に立って上半身だけ前屈し腕を前に伸ばす姿勢は、腰に大きな負荷をかけます。このような不自然な作業姿勢を避けるポイントを紹介します。

① 正しい姿勢を意識しよう

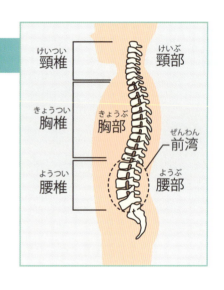

　ヒトの腰椎は、自然なカーブで反っている（前湾）のが本来の姿です。いわゆる"猫背"は腰を前に曲げて前湾がなくなっている状態、"反り腰"は逆に後ろに反りすぎた状態です。いずれも腰に負担をかける姿勢で、その状態で重い物を持ったり、強い力で押し引きすると腰痛の原因となります。

立ち作業の姿勢は…

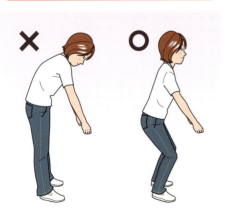

座った姿勢は…

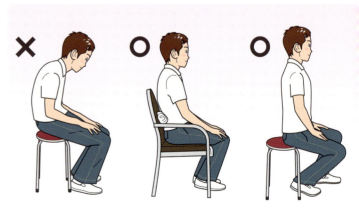

\ ワンポイント /
正しい姿勢の簡単チェック

立ち姿勢をセルフチェックし、
正しい姿勢を覚えましょう。

- 壁にかかとと背中を付けて自然に立つ。
- 腰（ベルトの位置）の後ろに手を入れる。
- ちょうど手のひらの厚さが収まればOK。

② 相手や対象物に体を近づけよう

　被介護者や、作業の対象物との間に距離があると、腰に負担をかける無理な姿勢で手を伸ばすことになります。

　自分の立ち位置を変えるなど、不自然な姿勢を継続しないように心がけます。

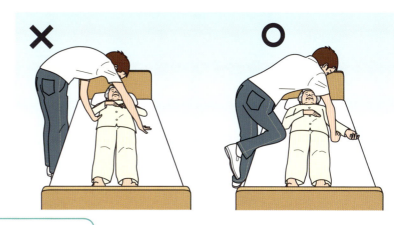

> 被介護者や作業対象物に体を近づけて作業します。

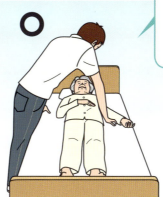

> ベッドの足元に荷物があれば片付けて近くに立てるようにします。

【腰痛編】-その2- 腰痛にならない作業方法

③ 相手や対象物と高さを合わせよう（作業面の高さが調節できるとき）

　ベッドで介助するときなど、ベッドが低いと前屈み・中腰の姿勢となって腰に負担がかかります。高さを調節できる場合は、腰を曲げなくてもよい高さまで上げましょう。

> 高さを調節できるベッドでは自然な姿勢をとれる高さに。

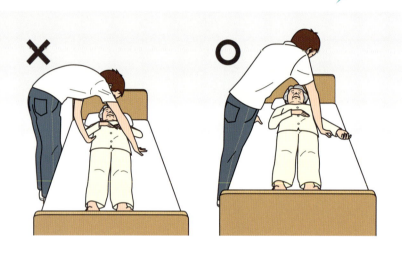

④ 相手や対象物と高さを合わせよう（低い位置で作業するとき）

　足元の介助など低い位置で作業するときは、椅子に座るか、床に膝をついて作業します。

> 低い位置の作業は腰を曲げずに膝をついて行う。

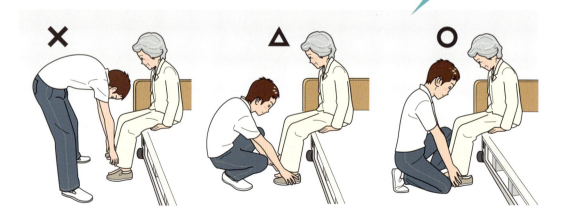

⑤ ひねる姿勢をなくそう

　食事介助の場面などでは、被介護者に正面から向く姿勢をとります。

　横に並んで座ると上半身を被介護者側にひねって介助することになり、長時間続けると腰に負担を掛けます。

　左右に向きを変えやすい回転式の椅子を使用することも有効です。

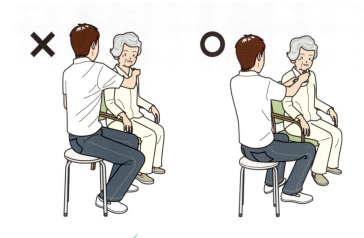

「からだをひねった状態」を維持するやり方はなくす。

⑥ 作業スペースを確保しよう

　ベッドの足元に荷物があったり（②）、壁に接していて作業するスペースが少ないと不自然な姿勢となりがちです。

　被介護者の周囲を常に整理・整頓し、作業スペースをつくりましょう。

　転倒防止対策の意味も含め、22～23頁に紹介する4S（5S）を日ごろから実践することが大切です。

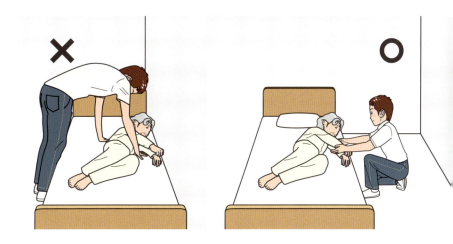

ベッドが壁に接していて不自然な作業姿勢となるときは壁との間にスペースをつくる。

4 【腰痛編】-その3-
福祉用具を活用する

(1) さまざまな福祉用具

　移乗介助、入浴介助などで、被介護者を抱え上げる作業は腰に強い負担をかけます。福祉用具の活用は介護者の負担を軽減する有効な方法です。

　被介護者が長期間横たわったままの場合、拘縮（関節が固くなり動きにくくなること）が生じていることがありますが、介護者が無理に力をかけると、被介護者が緊張して拘縮が進んでしまうことがあります。被介護者が安心して介護を受けるうえでも福祉用具の活用は有効です。

　立位保持可能か、座位保持が可能か、全介助が必要かという、被介護者の身体状況の程度に応じて適切な福祉用具がありますので、職場の管理者等に活用を相談しましょう。

福祉用具

- リフト
  - 移動式リフト
  - 設置式リフト
  - レール走行式リフト
- スタンディングマシーン
- スライディングボード
- スライディングシート
- 安全ベルト（持ち手つきベルト）

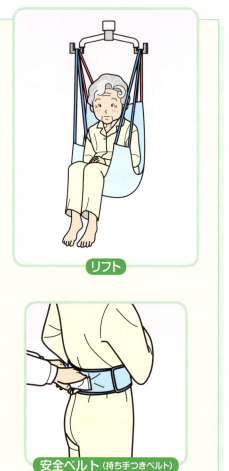

リフト

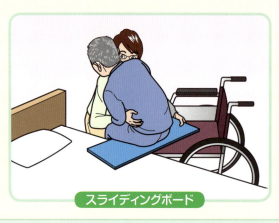

スライディングボード

安全ベルト（持ち手つきベルト）

リフト

全介助が必要な被介護者に有効です。

移動式リフト

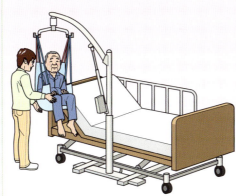
設置式リフト

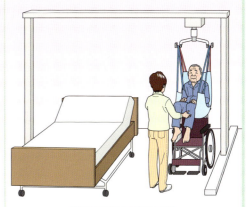
レール走行式リフト

スタンディングマシーン

立位保持ができるが、一人では立てない被介護者に有効です。

立位を保持したまま衣服の着脱ができるため、トイレ介助などに有効です。

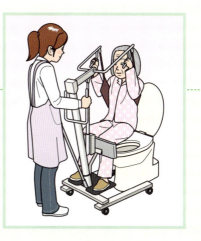

スライディングボード・スライディングシート

スライディングボード

すべりやすい板状のもので、ベッドから車椅子への移乗介助などの際、被介護者を乗せて滑らせて移動させることで抱え上げ作業の負担を解消します。

正しい使用方法によらないと介護者・被介護者ともに負担が軽減されません。12頁に具体的な使用例を紹介します。

スライディングシート

すべりやすい布状のもので、寝ている被介護者のからだの下に敷き、移動や体位変換に利用します。13頁に具体的な使用例を紹介します。

【腰痛編】-その3- 福祉用具を活用する

（2）スライディングボードの使用例

座位保持できる被介護者【ベッドから車椅子への移乗】

①　スライディングボードは、車椅子の座面にしっかり乗せる（被介護者の体を奥まですべらせるため）。ベッドと車椅子の角度は30°程度に。

②　車椅子の車輪をロックしてアームサポート（アームレスト）を外し、フットサポート（フットレスト）を上げベッドを車椅子の座面より少し高くする。被介護者の肩に手を添えて体を傾け、体の下にスライディングボードを入れる。

③　被介護者に車椅子のアームサポートを握ってもらい、車椅子側に体を傾けてもらいスライディングボードに体重がかかるようにする。

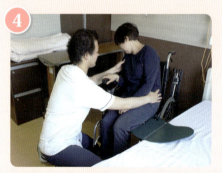

④　被介護者の骨盤を支えて（手を腰に添えて）体をすべらせるようにして車椅子の座面の奥まで移動させる。

⑤　スライディングボードと反対側の肩に手を添え、腰を浮かせ体を傾けてもらってスライディングボードを引き抜く。

⑥　アームサポートを戻し、被介護者の体を前に傾けてもらい膝頭を押してしっかり背もたれに腰がつくように奥まで座らせる。

（3）スライディングシートの使用例

座位保持できない被介護者【ベッド上での上方への移動】

1 被介護者に声をかけ、腕を胸の前で組ませて膝を起こす。

2 被介護者の膝と肩に手を添えて側臥位にする。

3 スライディングシートはすべる方向を体の方向と合わせてベッドに置く。半分に折り、上半分をさらに半分に折って被介護者の体の下に入れる。

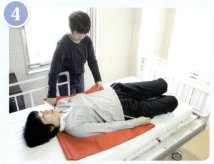

4 被介護者の膝に手を添えて反対側に倒し、スライディングシートの折った部分を体の反対側に引き出す。

5 被介護者を仰臥位に戻し、両膝を押して被介護者の体を上方に滑らせる。

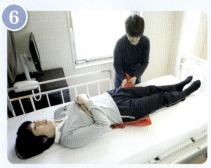

6 移動したら、スライディングシートを腰の浮いたあたりにまとめ、体の下に向かって引き出す。

※ここで紹介したのは使用法の一例です。施設等で決められたルールがある場合は、ルールに従いましょう。
※皮ふに褥瘡（床ずれ）のある被介護者には使用しないこと。

5 【腰痛編】-その4-
腰痛の予防・解消の運動

腰痛予防のためには、日々の習慣として体操などを行い、いつも体を動きやすい状態にしておくことが大切です。
作業前や作業中、また家庭で実践しやすい運動やストレッチングを紹介します。

※痛みがある場合は無理をして行わないようにしましょう。

（1）筋肉をゆるめるストレッチング

1 背伸び

足を肩幅くらいに開いて立ち、かかとは床につけたまま、両手を上げてゆっくり上に伸びる。体を反らさないこと。

2 背中のストレッチング

壁を背にして10～15cm程度離れて立つ。つま先を正面に向けてゆっくりと体をひねり、壁に手をつけてから戻る。反対側も同様に。

3 足の付け根のストレッチング

足を軽く開き、かかとを床につけてしゃがむ。かかとが浮いたり、後ろに倒れそうなときは壁などにもたれながら行う。

4 腰とヒップのストレッチング

仰向けに寝て、左側の膝を胸にひきつけて抱える。その脚を、肩が浮かない程度まで、体をひねって右側に倒す。顔は左側へ向ける。右脚も同様に反対方向へ。

（2）筋肉を補強する運動

1 へそのぞき

両膝を直角にまげて仰向けになり、手は頭の後ろで組む。へそをのぞくようにゆっくり上体を起こす。しばらく保持してからゆっくりと戻す。

2 ヒップアップ

膝を曲げて仰向けになり、ゆっくりと腰の上げ下げを行う。腰を反らせすぎないよう、無理のない程度に行う。

3 スクワット

足を肩幅に開き、両手は頭の後ろで組む。背中を伸ばし、上体をあまり前傾させないように注意しながら、膝をゆっくり直角程度まで曲げてから戻す。膝はつま先より前に出さず、かかとは床から離れないように。

4 手足交互上げ

両手と両膝をついた姿勢から、左手と右足を上げる。左右交互に繰り返す。

ストレッチングのポイント

はずみをつけずゆっくりと伸ばす／伸ばしている部分に意識を向ける／心地よい伸びを感じる姿勢で10〜30秒間維持／呼吸は止めずに行う

【腰痛編】-その4- 腰痛の予防・解消の運動

（3）立って行う運動

1 背伸び

腹筋、肩周り、
体の側面を伸ばす。

2 体側伸ばし

体の側面を伸ばす。

3 体の横回し

腕、胸、腰の緊張
をゆるめ筋肉を伸
ばす。

4 開脚体ねん転

足、腰、腹筋、
背筋を柔軟にする。

5 足の伸展

もも、膝、足首の関節を柔軟にする。

6 その場かけ足

血行を促進する。

（4）座って行う運動

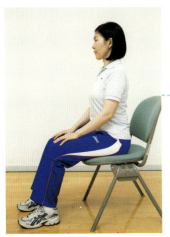

1 基本姿勢

椅子に浅めに腰掛け、お腹をへこませて背筋を伸ばす。

2 背伸びの運動

大きく背伸びをする。次に机の上に頭を伏せて力を抜く。

3 へそのぞきの運動

体を前に倒すようにして背中をそらす。次にゆっくりとお腹を縮めてへそを見る。これを繰り返す。

4 おじぎの運動

腕組みをして両足を軽く開き、頭の重みでおじぎをするように、自然に頭を下げる。

5 反り返りの運動

犬が伸びをするように、ゆっくりと上体を反らす。反らしながら思い切り息を吸い、胸を膨らませる。

6 足首曲げ伸ばしの運動

軽く両足を上げ、足首を伸ばしたり曲げたりする。

【腰痛編】-その4- 腰痛の予防・解消の運動

（5）腰痛解消のための運動

※腰痛治療中の方が運動を行う場合、医師に相談し指示に従いましょう。

1 「腰を伸ばすと楽」と感じる人のストレッチング

腹ばいになってひじをつく姿勢で、ゆっくり呼吸しながら姿勢を保持する。
（10秒間×3回）

2 「腰をかがめると楽」と感じる人のストレッチング

背中を床につけて膝を抱え、ゆっくり呼吸しながら姿勢を保持する。
（3秒間×3回）

3

仰向けになって両膝を直角に曲げ、手をからだの横につく。両膝をそろえたまま、ゆっくり一方に倒す（無理のないところまで）。5秒間保持して元に戻す。反対側も同様に。

4

両手と両膝を床につけ、息を吐きながら背中をゆっくり丸め、息を吸いながらゆっくり戻す。

| コラム |

姿勢のくずれをチェック!

日常生活のクセや生活スタイルでくずれた姿勢は腰に負担をかけます。
セルフチェックして、該当する方はゆがみをなくすエクササイズを実践しましょう。

チェック❶

- ☐ **立ち姿勢**：立っているときに一方の足に重心をかけるクセがある。
- ☐ **座り方**：椅子に座ったときに脚を組むクセがある。
- ☐ **鞄の持ち方**：いつも同じ側の肩に鞄をかけている。

2個以上該当する人は体にゆがみが生じる生活をしているかもしれません！

チェック❷

- ☐ **鏡でチェック**：両肩の高さ、腰骨の位置が左右で違っている。

該当する人は体にゆがみが生じています！

チェック❸

- ☐ **脚をチェック**：膝を伸ばして座り、つま先を左右に開くと左右均等にならない。

該当する人は体にゆがみが生じています！

エクササイズ❶ バランス調整

椅子に腰掛け、足踏みするように、お尻を左右交互に上げ下げする。
（左右交互に各3回×3セット）

※骨盤の内側の筋肉を動かし、骨盤のバランスを整える。

エクササイズ❷ 足の横振り

腰に手を当てて立った姿勢から、片脚ずつ軽く横に上げて下ろす。
（左右交互に各3回×3セット）

エクササイズ❸ 足のスイング

ふとももが水平になるまで片脚を前に引き上げ、ゆっくりと後ろに引き上げる。
（左右交互に各3回×3セット）

介護作業者の腰痛予防対策チェックリスト

職場名		記入日	年 月 日
氏名		性別	男・女 年齢 歳
身長	cm 体重 kg	腰痛の有無	有・無

[使用方法]
① 該当する介護サービスの□にチェック（✓）を入れてください。
② 行っている介助作業の□にチェック（✓）を入れてください。該当する介助作業がない場合は、「その他の項目に作業内容を書き込んで使用してください。
③ 「リスクの見積り」の該当に○を付けてください。「リスクの見積り」は、「リスクの見積り」の、それぞれの評価（a、b、c）においてa評価が2個以上で「高」、a評価が1個含まれるか又はすべてb評価で「中」、bとcの評価の組み合わせ又はすべてcで評価で「低」に○をつけてください。
④ 「リスクを低減するための対策例」を参考に対策を検討してください。

① 介護サービス： □施設介護 ／ □デイケアサービス ／ □住宅介護

② 介助作業 ③ リスクの見積り

介助作業	具体的な作業内容	作業姿勢	重量負荷	頻度/作業時間	作業環境	リスク	リスクの原因例	④リスクを低減するための対策例（概要）
着衣時の移乗介助	ベッド⇔車椅子 ベッド⇔ポータブルトイレ 車椅子⇔便座 車椅子⇔ストレッチャー などの移乗介助	a 不良 b やや不良 c 良	a 大 b 中 c 小	a 頻繁 b 時々 c ほぼなし	a 問題あり b やや問題 c 問題なし	高 中 低	●前屈や中腰姿勢での要介護者の抱えこみ上げ ●要介護者との距離が遠く、不安定な姿勢での移乗など	●リフト、スライディングボード移乗介助に適した介護機器を導入する。●身体の近くで支え、腰の高さより上に持ち上げない。背筋を伸ばしたり、身体を後ろに反らさない。●体重の重い要介護者は、複数の者で介護する。●中腰や腰をひねった姿勢で介護を行わない。●特定の介護作業に作業が集中しないよう配慮するなど。
脱衣時の移乗介助	要介護者が服を着ていない時の入浴、身体洗浄、洗髪に伴う移乗介助	a 不良 b やや不良 c 良	a 大 b 中 c 小	a 頻繁 b 時々 c ほぼなし	a 問題あり b やや問題 c 問題なし	高 中 低	●介護者が服を握れないことでの不安定な抱えこみ上げ●前屈や中腰姿勢での移乗●要介護者の不意な事故による腰に力を入れる、ひねるなど	●リフト等の介助機器、機械浴のための設備、入浴用ベルトなどの介護器具を整備する。●身体の近くで支え、腰の高さより上に持ち上げない。背筋を伸ばしたり、身体を後ろに反らさない。●体重の重い要介護者は、複数の者で介護する。●中腰や腰をひねった姿勢で介護を行わない。小休止・休息、他の作業に集中しないよう配慮するなど。
移動介助	要介護者を支えながらの歩行介助、車椅子での移動介助	a 不良 b やや不良 c 良	a 大 b 中 c 小	a 頻繁 b 時々 c ほぼなし	a 問題あり b やや問題 c 問題なし	高 中 低	●前屈や中腰姿勢、要介護者を抱えての移動、要介護者と介護者との体格の不一致、要介護者が倒れそうになることで腰に力を入れる、ひねるなど	●杖、歩行具、介助用ベルト等の介護器具は、手すりなどの設備を整備する。●体重の重い要介護者は、複数の介護者で介護する。●通路及び各部屋に移動となるような段差などを設けないなど。
食事介助	座位姿勢のとれない要介護者の食事介助、ベッド脇での食事介助	a 不良 b やや不良 c 良	a 大 b 中 c 小	a 長い b やや長い c 短い	a 問題あり b やや問題 c 問題なし	高 中 低	●体をひねったり、バランスの悪い姿勢での介助●長い時間に及ぶ同一姿勢など	●椅子に座って要介護者の正面を向く。ベッド上では膝枕の姿勢をとる。●椅子に座るとともに活用する。スライディングシートなどの介助機器を導入する。●体重の重い要介護者は、複数の介護者で介護するなど。
体位変換	褥瘡などの障害を予防するための要介護者の寝ている位置の修正、ベッドまたは布団から要介護	a 不良 b やや不良	a 大 b 中	a 頻繁 b 時々	a 問題あり b やや問題	高 中	●前屈や中腰姿勢で要介護者を引いたり、押し上げたりする。持ち上げたりする介助など	●ベッドは要介護者の移動が容易な高さなどのを調整が可能なものを整備するとともに活用する。スライディンダシートなどの介助機器を導入する。●体重の重い要介護者は、複数の介護者で介護するなど。

介助	内容	姿勢	負荷	頻度	評価	リスク	腰痛リスクのある作業例	対策例
□ 清拭介助・整容・更衣介助	要介護者の体を拭く介助、衣服の脱着衣の介助、身だしなみの介助など	a 不良 b やや不良 c 良	a 大 b 中 c 小	a 頻繁 b 時々 c ほぼなし	a 問題あり b やや問題 c 問題なし	高 中 低	体をひねったり、バランスの悪い姿勢、前屈や中腰姿勢での介助など	●ベッドは高さ調整が可能なものを整備するとともに活用する。●極力要介護者を身体の近くで支える。●中腰や腰をひねった姿勢の作業などでは、小休止・休息、他の作業との組合せなどを行うなど
□ おむつ交換	ベッドや布団上でのおむつ交換	a 不良 b やや不良 c 良	a 大 b 中 c 小	a 頻繁 b 時々 c ほぼなし	a 問題あり b やや問題 c 問題なし	高 中 低	前屈や中腰姿勢で要介護者の身体を持ち上げたり、支えたりする介助など	●ベッドは高さ調整が可能なものを整備する。●極力要介護者を身体の近くで支える。●中腰や腰をひねった姿勢の作業などでは、小休止・休息、他の作業との組合せなどを行うなど
□ トイレ介助	トイレでの排泄に伴う脱着衣、洗浄、便座への移乗などの介助	a 不良 b やや不良 c 良	a 大 b 中 c 小	a 頻繁 b 時々 c ほぼなし	a 問題あり b やや問題 c 問題なし	高 中 低	狭いトイレでの前屈や中腰姿勢で要介護者の身体を持ち上げたり、支えたりする介助など	●介助用ベルト等の介護器具、手すりなどの設備を整備する。●極力要介護者を身体の近くで支える。●動作に支障がないような十分な広さを有する作業空間を確保するなど
□ 入浴介助	一般浴、機械浴における脱着衣、入浴、身洗、洗髪などの介助	a 不良 b やや不良 c 良	a 大 b 中 c 小	a 頻繁 b 時々 c ほぼなし	a 問題あり b やや問題 c 問題なし	高 中 低	無理な姿勢や前屈、中腰姿勢での洗身、洗髪などの介助、滑りやすい床で急に腰部に力が入る動作など	●移動式洗身台などの介助機器を導入する。●手すり、取っ手、機械設備などのための設備の整備をする。●浴槽、洗身台、シャワー設備などの配置は、介助者の無用の移動をできるだけ少なくし、シャワーの高さなどは、介護者の身長に適合したものとする。●滑りにくい踏み板などを使用する。●極力要介護者の身体の近くで支える。●体重の重い要介護者は、複数の者で介護するなど
□ 送迎業務	送迎車への移乗、居宅から送迎車までの移動など	a 不良 b やや不良 c 良	a 大 b 中 c 小	a 頻繁 b 時々 c ほぼなし	a 問題あり b やや問題 c 問題なし	高 中 低	送迎車への車椅子の乗り下ろしや、要介護者を抱きかかえての移乗など	●体重の重い要介護者は、複数の者で支える。●極力要介護者を身体の近くで介護する。●通路及び各部屋に移動に障害となるような段差を設けないなど。●極力要介護者を身体の近くで介護するなど
□ 生活援助	調理、洗濯、掃除、買い物など	a 不良 b やや不良 c 良	a 大 b 中 c 小	a 長い b やや長い c 短い	a 問題あり b やや問題 c 問題なし	高 中 低	前屈や中腰姿勢での作業・長い時間に及ぶ同一姿勢など	●腰に負担のかかりにくいモップなどの生活用品を使用する。●中腰や腰をひねった姿勢の作業などでは、小休止・休息、他の作業との組合せなどを行うなど
□ その他		a 不良 b やや不良 c 良	a 大 b 中 c 小	a 頻繁 b 時々 c ほぼなし	a 問題あり b やや問題 c 問題なし	高 中 低		

このチェックリストは厚生労働省「職場における腰痛予防対策指針」で示された、介護作業のリスクアセスメント（職場にある危険の芽（リスク）を洗い出し、起こりうる労働災害の大きさを見積もり、優先順位を設定して対策を行う手法）をねらったものです。ご自分の職場の課題をチェックしてみましょう。

【転倒編】 -その1-
転ばないための環境づくり

被介護者の体重を支えたり、浴室や厨房など床がぬれやすい環境で作業するため、転倒災害も多発しています。
介護者自身が転倒するだけでなく、転倒しそうになった被介護者を守ろうとして、介護者自らが転倒する場面もあります。転倒しやすい環境を改善したり、転びにくいからだをつくりましょう。

（1）4S（5S）で安全な環境づくり

「作業スペースが狭くて無理な姿勢になる」「荷物が通路や階段の足元に置かれている」「床に水・油がこぼれている」と、転倒災害が発生しやすくなります。

製造業などを中心に職場で広く行われている4S（5S）の取り組みは転倒災害防止に有効です。

\ワンポイント/
4S（5S）とは
「整理（Seiri）」「整頓（Seiton）」「清掃（Seisou）」「清潔（Seiketsu）」の4つの頭文字Sをとって4Sといいます。これに「しつけ（Sitsuke）」を加えて5Sともいいます。

整理	必要なものと不要なものを区別する
整頓	必要なものを使いやすい状態にしておく
清掃	掃除をしてゴミ・汚れのない状態にする
清潔	整理・整頓・清掃した良好な状態を維持する
しつけ	4Sが職場全員に徹底され、適切に実行されている

整理

　床に置きっぱなしのダンボールの上ですべって転倒する事故も発生しています。必要なもの・不要なもの・修理が必要なものをしっかり区分し、不要なものは速やかに処分します。

整頓

　使用した道具は速やかに元の位置に戻す、電気器具のコードは足が引っかからないように養生するなど、道具は「使いやすく安全な状態」に保ちます。

清掃

　脱衣所の床にこぼれた水、厨房の床に飛び散った油などはすぐに清掃します。清掃と併せて、すべりにくい室内履きを履いたり、足拭きマットにもすべり止めをすると、さらに安全となります。

清潔

　身なりを清潔に保つことはもちろん、汚れを持ち込まない・広げないことも大切です。
　浴室で濡れた靴や屋外で汚れのついた靴で廊下を歩くなど、転倒の原因を作らないようにしましょう。

（2）危険の「見える化」で転倒防止

社会福祉施設にバリアフリー化は普及していますが、どうしても解消できない足元の段差が残ってしまうこともあります。また、傾斜していることが分かりづらいスロープ、見通しの悪い廊下の曲がり角、窓がなく向こう側の人が見えないドアなども転倒や激突の原因となります。

これらの「見えにくい危険」は、表示・標識などを活用して「見える化」することで解消できます。

車椅子用の緩やかなスロープは、高齢者が平面と錯覚して歩くとつまずきの元になります。見落としやすい段差やスロープは、床を色分けしたり、表示を掲げるなどして注意を喚起します。

ドアを勢いよく開けると、ドアが向こう側の人にぶつかり転倒する危険があります。表示で注意を呼びかけましょう。また、開閉範囲にものを置かないように、開閉範囲をテープなどで表示します。テープがはがれかけると転倒の原因ともなるので、常にしっかり貼られた状態を維持することも大切です。

見通しの悪い曲がり角では、出会い頭に衝突したり、曲がった先に置かれたものにつまずいて転倒する危険があります。

角にものを置かないように徹底することと併せ、衝突防止用ミラーの活用も有効です。

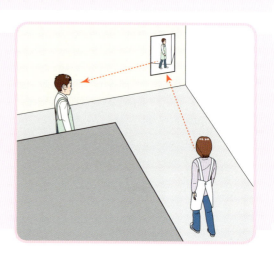

　床を清掃中、通りかかった人が濡れた床ですべって転倒しないよう、ロープや表示板を使って清掃中のエリアを区画しましょう。

（3）ヒヤリ・ハットを活かそう

　作業中に、何気ない作業の中で「ヒヤリとした」「ハットした」経験がある人は多いと思いますが、「ケガをしなかったから」「よくあることだから」といってそのままにしておくと、やがて大きな事故につながりかねません。
　これらの体験を「ヒヤリ・ハット」と呼びます。

\ワンポイント/
ハインリッヒの法則

　「労働災害で1件の重大事故が発生する背景には、軽微な事故が29件、そしてヒヤリ・ハットが300件ある」。"よくあること"を積み重ねるうちに、重大事故が起きることも！

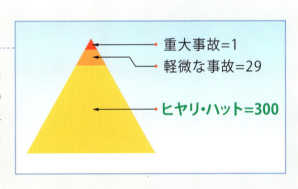

重大事故＝1
軽微な事故＝29
ヒヤリ・ハット＝300

　「ヒヤリ・ハット」は、職場に潜在する危険に気づく大切な手がかりです。「ヒヤリ・ハット」を体験したら、上司や施設の管理者に報告しましょう。こうした情報を職場で共有し、必要な対策を行うことで、起こりうる大きな事故を未然に防ぐことができます。
　職場で「ヒヤリ・ハット報告」（医療機関等でいう「インシデント」に相当）の仕組みがある場合は、必ず決められた手続きをとります。

7 【転倒編】-その2- 転ばないためのからだづくり

転倒防止のためには、日常的な運動で、
転びにくいからだにしておくことも大切です。
転倒防止を意識したストレッチングを紹介します。

（1）からだをほぐすストレッチング

　脚、腰、背中の筋肉をストレッチでほぐし、筋肉の柔軟性を高めると、転倒防止に有効です。ここでは脚をほぐすストレッチを紹介します。14〜17頁で紹介した腰痛防止のための体操とも行い、体の各部位の柔軟性を高めましょう。

1 ふとももの前のストレッチング

片手で壁などにつかまり、もう一方の手は足の甲を持ち、かかとをお尻につけるようにする。

2 脚の後ろのストレッチング

足を前後に開き、両手を前脚の上に置いて、後ろ脚の膝を曲げる。

3 ふくらはぎのストレッチング

足を前後に開き、両手で壁を軽く押しながら、後ろ足のかかとを床に押し付ける。

ストレッチングのポイント

はずみをつけずゆっくりと伸ばす／伸ばしている部分に意識を向ける／心地よい伸びを感じる姿勢で10〜30秒間維持／呼吸は止めずに行う

（2）筋力体操で転倒防止

1

2 ふとももの前の運動

足を肩幅程度に広げ、背筋を伸ばして立つ。椅子に座るようにゆっくり膝を曲げ、元の姿勢に戻す。

ポイント
- 膝とつま先は同じ方向
- 膝はつま先より前に出さない
- 膝の角度を大きく曲げたり、腕を上に上げたりすると強度が強くなる

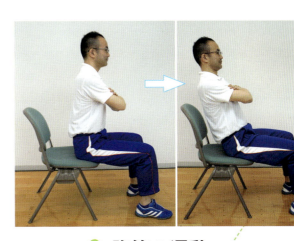

3 ふとももの運動

膝の曲げ伸ばしを左右交互に行う。

4 腹筋の運動

椅子に浅く座り、胸に手を当てて後方にゆっくり体を倒し、ゆっくり元に戻す。

筋力体操のポイント
息は止めず、力を入れるときに息を吐く／運動の回数は、まずは5～10回繰りす程度から／力を入れている部分に意識を向ける

椅子は安定の良い物を使用すること

【転倒編】-その2- 転ばないためのからだづくり

（3）その他さまざまな運動

1

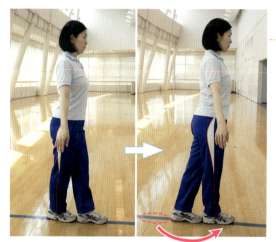

継ぎ足歩行

テープなどで床に直線を引き、その上に片足を置く。その足のつま先に、もう一方の足のかかとをつけるように置く。これを繰り返し、3m程度進む。慣れてきたら後ろにも進む。

3

かかと上げ

椅子や壁につかまって立ち、かかとをリズミカルに上げ下げする。
（10回程度。慣れてきたら回数を増やす）

つま先上げ

かかとを両方とも床につけたまま、右腕と左足のつま先を上げ、左腕と右足のつま先を上げ、と歩くようにリズミカルに繰り返す。

クロストレーニング

片脚をクロスするように前に出し、元に戻す。次は逆の足をクロスして元に戻す。これをリズミカルに繰り返す。

～腰痛・転倒予防は日ごろの注意と工夫から～

　腰痛・転倒災害を防ぐためには、日常生活の中でのちょっとした心がけも大切です。

　歩くときや座ったとき、物を運ぶときに腰に負担のない姿勢をとるように注意することで腰痛のリスクを減らすことができます。

　また、階段では手すりを持つ、段差のあるところでは足元に注意したり、歩幅を意識すると、つまずきや転倒の予防になります。

　休日にスポーツやレジャーを楽しむ際も、熱中して思わぬ事故やケガとならないよう、腰痛や転倒防止を意識して安全にリフレッシュしましょう。

　日ごろから心がけたい動作のポイントの例を紹介します。折りにふれ、このようなチェックをしてみることも効果的です。

✓ 腰痛予防のチェック

- ☐ 腰に負担のかからない姿勢に注意して作業をしている
- ☐ ふとももの後ろや腰を中心としたストレッチングを実践している
- ☐ 腹筋をきたえる運動を行っている
- ☐ 一連の動きを行う体操（ラジオ体操等）を実践している
- ☐ 肩や腰の左右の傾きを鏡で確認し、姿勢を正すようにしている

✓ 転倒予防のチェック

- ☐ 靴下は、バランス力の維持のため片足立ちで履くように心がけている
- ☐ 歩行する際に、足裏の重心移動（かかとから足先まで）を意識している
- ☐ 階段や坂道を登る際に、ももを上げて登るように意識している
- ☐ 下腹を引き締め、背筋を伸ばした姿勢で歩くように注意している
- ☐ 歩くときに進行方向に視野を広く向けている

> こうして防ぐ！
介護作業の腰痛・転倒

平成27年5月22日	第1版第1刷発行
令和2年3月12日	第3刷発行

編 者　中央労働災害防止協会
発行者　三田村憲明
発行所　中央労働災害防止協会
　　　　〒108-0023
　　　　東京都港区芝浦3-17-12　吾妻ビル9階
　　　　電話〈販売〉03（3452）6401
　　　　　　〈編集〉03（3452）6209
　　　　ホームページ　https://www.jisha.or.jp/
印　刷　新日本印刷㈱
イラスト　佐藤 正
デザイン　新島浩幸
©JISHA 2015　27402-0103
定価：(本体500円+税)
ISBN978-4-8059-1598-1 C3060 ¥500E

本書の内容は著作権法によって保護されています。
本書の全部または一部を複写（コピー）、複製、転載
すること（電子媒体への加工を含む）を禁じます。